Anselm Grün

Kleine Rituale
für den Alltag

Anselm Grün

Kleine Rituale für den Alltag

Vier-Türme-Verlag

Bibliographische Information der Deutschen Nationalbibliothek

Die Deutsche Nationalbibliothek verzeichnet diese Publikation in der Deutschen Nationalbibliographie. Detaillierte bibliographische Daten sind im Internet über http://dnb.d-nb.de abrufbar.

1. Auflage 2012
© Vier-Türme GmbH, Verlag, Münsterschwarzach 2012
Alle Rechte vorbehalten
Umschlagfoto: Ingeborg K./Panthermedia
Druck und Bindung: Friedrich Pustet KG, Regensburg
ISBN 978-3-89680-541-6
www.vier-tuerme-verlag.de

Inhalt

Sieben Rituale für die zweite Woche 73

Abendritual: Alles umarmen 115

Vorwort

Das Bedürfnis nach Ritualen ist heute groß. In verschiedenen Büchern habe ich mir schon Gedanken über Rituale gemacht und konkrete Rituale beschrieben. In diesem Buch möchte ich die Rituale mit den sieben Tagen der Woche verbinden.

In der geistlichen Tradition hat jeder Tag der Woche ein besonderes Gepräge. Dahinter stehen zum einen die sieben Tage, an denen Gott die Welt geschaffen hat. An jedem der sieben Tage der Schöpfungswoche hat Gott ein besonderes Werk geschaffen. Ausgehend von den Schöpfungstagen kann auch bei uns an jedem

Tag der Woche ein anderes Thema im Vordergrund stehen.

Die christliche Tradition hat die Wochentage mit der Erlösung durch Jesus Christus in Verbindung gebracht. In dieser Betrachtungsweise zeichnen sich vor allem die letzten drei Tage und der erste Tag der Woche aus. Der Donnerstag ist der Tag der Einsetzung der Eucharistie und am Freitag gedenken wir des Todes Jesu. Der Samstag ist der Tag der Grabesruhe und der Sonntag der Tag der Auferstehung. Aber auch die anderen Tage hat die kirchliche Tradition mit bestimmten Themen verbunden. Am Montag gedenkt die Kirche der Heiligen Dreifaltigkeit, am Dienstag der Engel und am Mittwoch des heiligen Josephs, des Patrons der Arbeit. Der Samstag ist nicht nur der Tag der Grabesruhe, sondern er ist auch in besonderer Weise Maria zugeordnet.

So hat jeder Tag seine eigene Qualität. Und diese je eigene Qualität möchte ich in diesem Buch durch Rituale im Alltag erfahrbar werden lassen.

Ich habe Rituale für zwei Wochen ausgesucht. Sie, lieber Leser, liebe Leserin, sind eingeladen, diese Rituale jeweils eine Woche lang zu üben. Sie können mit den Ritualen auch abwechseln. Wer möchte, kann sich aber auch auf die sieben Rituale beschränken, die ihm am besten gefallen, und sie jede Woche üben.

Die Rituale wollen uns helfen, jeden Tag in seiner eigenen Qualität wahrzunehmen und ihn so zu beginnen, dass es ein gesegneter Tag wird, dass wir von Gottes Segen umfangen sind. Ein Morgen- bzw. Abendritual, das Sie an jedem Tag üben können, eröffnet bzw. beschließt dieses Buch.

Morgenritual:
Das Kreuzzeichen

Beginne den Morgen mit dem großen Kreuzzeichen. Stelle dich aufrecht hin und berühre
ganz bewusst und achtsam mit deiner rechten
Hand die Stirn. Lass die Liebe Gottes heute in
dein Denken hineinfließen.

Dann gehe mit deiner Hand nach unten,
lege sie auf deinen Unterbauch. Lass die Liebe
Gottes in deine Kraft, in deine Vitalität und Sexualität hineinströmen. Stelle dir dabei vor, dass
Gott deine Kraft stärkt und zugleich reinigt,
damit sie durchlässig wird für seinen Geist.

Dann lege deine Hand auf die linke Schul-
ter. Lasse die Liebe Gottes in dein Unbewusstes

hineinfließen, in die Bilder, die tief in deinem Unbewussten schlummern. Stelle dir vor, dass Gottes Liebe all das innere Chaos deiner Seele ordnet, das Dunkle erhellt und die krankmachenden Bilder heilt. Du kannst dir auch vorstellen, dass Gottes Liebe in deine weibliche Seite strömt. Jeder von uns hat auch eine weibliche, eine zärtliche, eine empfangende Seite. Das Weibliche kann Geborgenheit schenken. Es kann aber auch festhalten. Es bringt das Leben zum Wachsen, ist eine starke, werdende Kraft, es kann es aber auch ersticken. Wenn die weibliche Seite in uns von Gottes Liebe durchdrungen wird, dann wird sie zum Segen – für die Menschen und für dich selbst. Lass die Liebe Gottes auch in dein Herz strömen, damit es von der Glut der göttlichen Liebe warm wird.

Dann lege deine Hand auf die rechte Seite. Lass die Liebe Gottes in deine bewusste Seite strömen: in dein Handeln, in deine Kraft und in deine Entscheidungen. Die rechte Seite ist die männliche Seite. Sie kann befruchten, sie kann aber auch tyrannisieren. Sie kann entscheiden, aber auch alles bestimmen. Wenn Gottes Liebe in deine männliche Seite strömt, dann wird sie zu einer Kraft, die etwas Gutes bewegt, die andere stützt und fördert und die etwas gestaltet und formt.

Im Kreuzzeichen berührt dich Gottes Liebe. So kannst du dich ganz und gar von Gottes Liebe angenommen und durchdrungen fühlen. Aber im Kreuzzeichen sagst du auch »ja« zu dir selbst. Du nimmst dich ganz und gar an, weil alles in dir von Gottes Liebe angenommen, berührt und durchströmt ist.

Du kannst das Kreuzzeichen schweigend machen. Du kannst es aber auch mit den Worten verbinden, die in unserer westlichen Tradition üblich sind: *»Im Namen des Vaters und des Sohnes und des Heiligen Geistes.«* Dann spürst du, dass es der dreifaltige Gott ist, der alles in dir durchdringt.

Du kannst das Kreuzzeichen auch mit der Formel verbinden, die aus der syrischen Kirche stammt: *»Im Namen des Vaters, der mich ausgedacht und gebildet hat. Und des Sohnes, der hinabgestiegen ist in die Tiefe meines Menschseins.*

Und des Heiligen Geistes, der das Linke zum Rechten wendet.«

In dieser Formel wird deutlich, was wir auch mit unserer kurzen westlichen Formel letztlich meinen: Der Vater prägt unser Denken. Er hat uns geschaffen, damit wir in seinem Namen in dieser Welt etwas schaffen, formen und bilden. Er hilft uns, damit wir diese Welt in seinem Geist gestalten. Der Sohn ist in unsere Menschlichkeit hinabgestiegen. Er hat Fleisch angenommen. Er geht mit uns. Er steigt mit uns hinab in die Tiefen unseres Unbewussten, um alles in uns mit seiner Liebe zu erfüllen und zu heilen. Der Heilige Geist ist der Verwandler und Versöhner. Er verwandelt das Dunkle in Licht, das Unbewusste in Bewusstes, das Aggressive in Liebe, das Chaos in Ordnung. Und er versöhnt die verschiedenen Bereiche in mir, die ich selbst nicht zusammenbringe. Er vereint das, was mich zerreißt. Er verbindet mich mit allem, was in mir ist. So macht er mich eins und ganz.

Lass den Segen Gottes in die Räume deiner Wohnung strömen. Gehe die einzelnen Räume durch: dein Schlafzimmer, dein Wohnzimmer, die Küche, das Arbeitszimmer, die Zimmer der Kinder. Der Segen Gottes vertreibt allen Ungeist und allen Zwist, der sich manchmal in den Räumen eingenistet hat. Der Segen Gottes erfüllt die Räume mit Liebe, mit Wärme und mit einer guten Atmosphäre.

Dann gehe weiter mit dem Segen Gottes in deinen Tag. Lass ihn zu den Menschen strömen, mit denen und für die du heute arbeiten wirst: zu deinen Arbeitskollegen, zu den Kunden, die zu dir kommen, auch zu den schwierigen Kunden, vor denen du am liebsten ausreißen möchtest. Hülle auch diese Menschen mit dem Segen Gottes ein. Dann wirst du ihnen heute anders begegnen.

Du kannst den Segen in die Räume einströmen lassen, in denen du arbeitest: in die Fabrik, in die Firma, in das Büro, in den Verkaufsraum. Dann hast du den ganzen Tag über das Gefühl, dass du nicht in die kalte und fremde Welt hineingehst. Du bewegst dich dann in gesegneten Räumen, in denen auch die Menschen, die dort arbeiten oder einkaufen, gesegnet sind.

Jesus fordert uns im Lukasevangelium (6,28) auf, die Menschen zu segnen, die uns verfolgen oder die – wie man auch übersetzen kann – uns verfluchen und die schlecht über uns reden. Viele denken, das sei eine Überforderung. Aber versuch es einfach einmal. Überlege dir, mit wem du momentan Schwierigkeiten hast und wem du am liebsten aus dem Weg gehen möchtest. Dann lasse den Segen zu ihm strömen.

Wenn du den anderen segnest, dann bleibst du nicht in der Opferhaltung stecken. Du bleibst nicht passiv, sondern reagierst aktiv. Du sendest Gottes Segen und damit eine positive Energie zu diesem Menschen. Das tut dir auch selbst gut. Vielleicht fühlst du dich dann freier oder auch von Gottes Segen geschützt. Du bist nicht mehr das Opfer, das der andere verletzt hat. Du brauchst keine Angst vor seinen Sticheleien oder vor seinen fluchenden, verletzenden Worten zu haben. Du setzt Gottes positive Energie dagegen. Und die ist stärker als die negative Energie seiner Aggressionen.

Wenn du diesen Menschen segnest, kannst du ihm unbefangener begegnen. Er ist nicht dein Feind, sondern ein gesegneter Mensch. Und du vertraust darauf, dass der Segen ihn verwandelt und ihn aus seiner Härte und Kälte befreit, sodass Begegnung möglich wird.

Mit dem Kreuzzeichen hast du, lieber Leser, liebe Leserin, dich selbst gesegnet und den Segen Gottes in deinen Leib strömen lassen. Nun sollst du den Segen weitergeben, damit dein Tag ein gesegneter Tag wird, damit von dir heute Segen zu allen Menschen ausgeht, denen du begegnest.

Stelle dich aufrecht hin und erhebe die Hände zum Segen. Die Handflächen sind nach vorn gerichtet. Dann stelle dir vor, wie durch deine Hände Gottes Segen zu den Menschen strömt, mit denen du dich besonders verbunden fühlst: zu deinem Ehepartner, zu deinen Kindern, zu deinen Eltern, Verwandten, Freunden. Stelle dir vor, dass der Segen Gottes zu diesen Menschen strömt und sie mit Gottes Liebe einhüllt wie ein wärmender Mantel. Er schützt sie vor aller Kälte, die ihnen von außen begegnet.

Mit dem Segen des Kreuzzeichens und mit dem Segen, den du in die Welt hineinschickst, wirst du gut in den Tag gehen. So wird dieser Tag ein gesegneter, ein angenehmer Tag werden. Du hast dann Vertrauen, dass alles, was du in die Hand nehmen wirst, Segen bringt. Und du wirst den gesegneten Menschen so begegnen, dass du selbst von ihnen Segen empfängst.

Sieben Rituale
für die erste Woche

Montag:
Eine Kerze entzünden

Am Montag beginne den Tag, indem du eine Kerze anzündest. Zünde sie bewusst an. Und dann betrachte die Kerze und das warme Licht, das von ihr ausgeht. Stelle dir vor, dass dieses Licht alle Dunkelheit aus dir vertreibt. Die Wärme, die von der Kerze ausgeht, will alle Kälte aus deinem Herzen verbannen. Und sie will diese Wärme auch in die Welt hineintragen, die dich am Montag in der Arbeit wieder empfangen wird.

Du kannst dir beim Anzünden Worte aus der Bibel langsam vorsagen.

Beispielsweise aus dem Propheten Jesaja: *»Mache dich auf. Und werde Licht. Denn dein Licht kommt. Und die Herrlichkeit des Herrn geht auf über dir.«* (60,1) Dann ist die brennende Kerze nicht nur ein einfaches Licht, sondern in ihrem Licht geht dir die Herrlichkeit Gottes selbst auf.

Oder du kannst den weihnachtlichen Text aus Jesaja laut sagen: *»Das Volk, das im Dunkel lebt, sieht ein helles Licht. Über denen, die im Land der Finsternis wohnen, strahlt ein Licht auf.«* (9,1)

Indem du dieses Wort laut in das Licht der Kerze hinein sprichst, erlebst du, dass alle Dunkelheit aus deinem Herzen verschwindet. Und auch die Welt mit ihrer Finsternis, die dir in den Nachrichten täglich begegnet, verwandelt sich. Du kannst sie voller Hoffnung anschauen.

Oder sag laut die Worte Jesu vor dich hin: *»Ich bin das Licht der Welt. Wer mir nachfolgt, wandelt nicht in Finsternis, sondern hat das Licht des Lebens.«* (Johannes 8,12) Dann erfährst du in der Kerze Jesus selbst, der jetzt in deinem Zimmer gegenwärtig ist und dein Herz mit seinem Licht erfüllen möchte.

Betrachte das Geheimnis der Kerze: Das Licht der Kerze entsteht, indem das Wachs verbrennt. Dies ist ein Bild für eine Liebe, die sich verzehrt. Die Kerze kann sich verzehren, weil genügend Wachs vorhanden ist. Sie braucht nicht zu sparen. Aber manchmal muss man den Docht zurechtschneiden. Sonst wird die Flamme zu hoch und rußt das Zimmer ein.

Es gibt auch eine Liebe, die zu laut ist und in der man sich zu sehr verausgabt. Sie tut dann nicht nur mir, sondern auch dem anderen nicht gut. Der andere spürt den »Ruß« in der Liebe: die Nebenabsichten, das zu sehr Gewollte und Gemachte, das den anderen nicht erhellt, sondern eher »einrußt«.

Die Kerze besteht aus zwei Elementen. Das eine Element ist die *Flamme*, die das Geistige symbolisiert, da sie zum Himmel emporsteigt. Von Mönchen wird erzählt, dass ihre Finger beim Beten zu Feuer wurden. So ist die brennende Kerze ein Bild für unser Beten. Es ist ein beliebter Brauch, dass Pilger an Wallfahrtsorten Kerzen entzünden und sie auf den Altar oder vor eine Marienstatue stellen. Sie drücken damit aus, dass ihr Gebet weitergeht, solange die Kerze brennt. Und sie hoffen, dass durch ihr Gebet Licht in ihr eigenes Leben kommt und in das Herz jener Menschen, für die sie diese Kerze anzünden.

Das andere Element der Kerze ist das *Wachs*, das verzehrt wird. Für die frühe Kirche war daher die Kerze ein Symbol für Christus, der zugleich Gott und Mensch ist. Das Wachs ist Bild für seine menschliche Natur, die für uns verzehrt wurde, da er sich aus Liebe für uns hingab. Die Flamme der Kerze steht für Christi Göttlichkeit.

Wenn du so die Kerze betrachtest – mit den Augen der Tradition, mit den Augen vieler Menschen vor dir, für die die Kerze ein Geheimnis war –, dann geht dir etwas ganz Wesentliches über dich selbst und über Jesus Christus auf.

Die Kerze zeigt das Geheimnis der Menschwerdung. Gottes Licht leuchtet in Jesus auf, der Mensch geworden ist Aber die Kerze ist auch ein Bild für unsere eigene Menschwerdung.

Gottes Licht will auch in meinem Leib aufleuchten. Ich bin wie der brennende Dornbusch. Ich bin wertlos, übersehen und vertrocknet. Doch zugleich leuchtet Gottes Herrlichkeit in mir auf. Ich brenne, ohne zu verbrennen. Das ist das Geheimnis des Dornbusches.

Die Kerze sagt noch etwas anderes. Ich brenne auch für die anderen. Ich brenne, wenn ich mich für andere hingebe. Ich brauche mich auf, so wie das Wachs der Kerze sich aufbraucht, indem diese uns Licht und Wärme schenkt. Unsere Hingabe hat immer zwei Aspekte. Wir geben, was wir empfangen. Wir lassen das weiterströmen, was in der Quelle göttlicher Liebe in uns aufsprudelt. In diesem Sinn können wir immer hingeben, ohne schwächer zu werden. Denn die Quelle in uns ist unerschöpflich, weil sie göttlich ist.

Aber es gibt auch den anderen Aspekt. Ich brauche mich auf, so wie das Wachs der Kerze sich aufbraucht. Wenn ich behutsam mit der Kerze umgehe, brennt sie länger. Aber irgendwann wird die Kerze erlöschen. Wir sagen manchmal zu einem Menschen, der sich zu sehr verausgabt, er dürfe seine Kerze nicht an beiden Enden anzünden. Sonst verbrennt seine Kerze zu schnell. Unsere Kräfte sind auch begrenzt. Wir sind nicht Gott, der aus der Unendlichkeit und dem Vollen schöpfen kann. Wir sind Menschen. Durch uns und in uns möchte Gottes Licht für die Menschen aufstrahlen. Aber dabei verbrennt auch unser Wachs. Unsere Kerze wird langsam kleiner. Und irgendwann wird die Kerze erlöschen. So erinnert sie uns an unsere Endlichkeit und an unseren Tod. Aber im Tod wird unser Leben auf neue Weise erstrahlen. Dann werden wir in Christus für immer zum Licht für andere.

Dienstag:
Ein Wort aufschreiben

Am Dienstag kannst du ein Wort aufschreiben. Worte wollen gesprochen und geschrieben werden. Im Sprechen und im Schreiben taucht das Geheimnis des Wortes auf.

Du kannst den Beginn des Johannesevangeliums einmal ganz langsam laut vor dich hin sprechen. Lausche den Worten nach, die du sprichst. Du erfüllst sie mit deinem Klang. Sie brechen aus deinem Herzen hervor. Und sie erzeugen in dir eine Stimmung. Sie wollen, dass dein Herz übereinstimmt mit deiner Stimme und mit den Worten, die durch deine Stimme hörbar werden.

»Im Anfang war das Wort, und das Wort war bei Gott, und das Wort war Gott. Im Anfang war es bei Gott. Alles ist durch das Wort geworden, und ohne das Wort wurde nichts, was geworden ist. In ihm war das Leben, und das Leben war das Licht der Menschen.« (Johannes 1,1–4) Du hörst einfach in die Worte hinein. Aber dann versuchst du auch, die Worte zu verstehen.

Du spürst, welche Kraft im Wort steckt. Das Wort schafft eine Wirklichkeit. Gott hat die Welt durch sein Wort geschaffen. Aber auch wir erzeugen mit unseren Worten eine Wirklichkeit. Die Kirchenväter sagen, dass wir mit Worten ein Haus bauen. Und die Frage ist, welches Haus wir mit unseren Worten bauen: ein kaltes Haus, in dem sich keiner zu Hause fühlt. Oder aber ein Haus voller Liebe und Wärme, ein Haus, in dem die Menschen sich wohlfühlen, in dem sie erkennen, wer sie sind, ein Haus, in dem die Worte in ihnen das Leben hervorlocken, das in ihnen oft genug verborgen ist.

Im Wort begegnet uns das Geheimnis Gottes selbst. In jedem Wort, das wir sprechen, klingt etwas von dem Wort mit, das bei Gott ist und das Gott selbst ist.

Wir schaffen mit unseren Worten eine Wirklichkeit. Wir spüren, wie negative Worte, die in den Medien verbreitet werden, eine Atmosphäre von Hass und Zwietracht, von Gewalt und Zerstörung schaffen. Gute Worte dagegen verbinden die Menschen. Sie ermutigen, richten auf und schenken Hoffnung.

Indem du die Worte des Prologs des Johannesevangeliums laut vorsagst, spürst du etwas vom Geheimnis jeden Wortes. Das Geheimnis jeden Wortes gipfelt für Johannes darin, dass im Wort Leben ist und zugleich Licht. Worte erhellen unser eigenes Dasein. Sie bringen Licht in das Dunkel. Sie klären etwas. Und im Wort ist Leben. Wir spüren, dass uns Worte oft gut tun. Sie machen uns lebendig. Sie bringen uns in Berührung mit dem Leben, das auf dem Grund unserer Seele ist, das aber oft genug im Alltag verschüttet ist. Worte wecken das Leben in uns wieder auf. Sie locken das Leben in uns hervor.

Worte wollen auch geschrieben werden. Die drei abrahamitischen Religionen – Judentum, Christentum und Islam – sind auch Buch-Religionen. Sie kennen heilige Bücher. Gottes Wort ist aufgeschrieben. Und die heiligen Bücher werden verehrt und immer wieder abgeschrieben und oft kunstvoll gestaltet.

Übe einmal folgendes Ritual: Nimm dir ein Wort aus der Bibel und schreibe es langsam auf. Während du das Bibelwort aufschreibst, spürst du vielleicht, dass du gar nicht an das Geschriebene glauben kannst. Die Worte klingen schön, aber eigentlich weißt du gar nicht, was sie bedeuten.

Du hast dann zwei Möglichkeiten, mit dem Wort umzugehen. Entweder schreibst du zwanzig Minuten lang immer wieder dieses Wort auf, bis es in dein Herz fällt und du daran glauben kannst. Oder du schreibst einfach die

Worte um. Spiel mit den Worten, ringe mit den Worten, schreib einfach auf, was aus deinem Herzen heraus will. Du kannst das vorgegebene Wort aus der Bibel gleichsam wie eine Nadel nehmen, die in dein Herz sticht. Und auf einmal kommt alles heraus, was in deinem Herzen ist, alle deine Gefühle und Gedanken – auch diejenigen, die dich wirren. Indem du all deine Gedanken aufschreibst und immer wieder mit dem vorgegebenen Wort konfrontierst, wird etwas in dir in Bewegung kommen. Du wirst auf einmal das Wort der Bibel anders und tiefer verstehen.

Ich möchte dir zwei Worte vorschlagen, mit denen du das Aufschreiben versuchen kannst: Das eine Wort ist der Beginn von Psalm 23: *»Der Herr ist mein Hirte, nichts wird mir fehlen.«* Das Wort klingt schön. Aber beim Schreiben stolperst du vielleicht darüber: Stimmt das denn wirklich, dass mir nichts fehlt? Wenn es dir so geht, kannst du mit dem Wort kämpfen, es umändern, ganz anders schreiben.

Und zwischendrin schreibst du wieder ganz bewusst das ursprüngliche Wort: Wie klingt es jetzt? Kann ich es annehmen? Drückt es meine Wirklichkeit aus? Verändert es meine Haltung? Wenn dieses Wort stimmt, wie gehe ich dann mit meiner Einsamkeit, mit meiner Verlassenheit, mit meinen Zweifeln, mit den Verletzungen des Alltags um?

Bei diesen Fragen merke ich, dass ich dieses Wort nicht einfach nur so hinsagen oder hinschreiben kann. Es bringt etwas in mir in Bewegung. Ich muss mich ihm stellen. Und wenn ich mich ihm stelle, verwandelt es meine Haltung und Einstellung. Dann schafft es mein Leben neu.

Das andere Wort ist der Beginn von Psalm 63: »*Gott, du mein Gott, dich suche ich. Nach dir dürstet mein Leib wie lechzendes Land ohne Wasser.*« Wenn du dieses Wort immer wieder schreibst, dann kommst du mit deiner Sehnsucht in Berührung. Du spürst auf der einen Seite, dass das Wort zu groß für dich ist. Du kannst es noch gar nicht mit vollem und überzeugtem Herzen sagen.

Auf der anderen Seite aber führt dich das Wort in den Grund deiner Seele hinab. Und dort entdeckst du in dir eine tiefe Sehnsucht nach Gott. Dein Herz sehnt sich oft nach vordergründigen Dingen: nach Erfolg, nach Anerkennung und nach Liebe. Aber deine Seele sehnt sich im Letzten nach Gott.

Wenn du dieses Wort immer wieder schreibst, wirst du einmal ganz ruhig. Und du spürst: Ja, meine Seele dürstet nach Gott. Ohne Gott ist meine Seele wie ein Land ohne Wasser.

Mittwoch:

Betrachten einer Blume

Am Mittwoch kannst du als Ritual wählen, eine Blume zu betrachten. Der Mittwoch entspricht dem dritten Schöpfungstag, an dem Gott das Land junges Grün hervorbringen und alle Art von Pflanzen und Bäumen wachsen lässt.

Nimm dir eine schöne Blume, um sie zu betrachten. Was siehst du? Du siehst Schönheit.

Platon, der griechische Philosoph, sagt, in der Schönheit sähe man letztlich immer Gottes Schönheit. Gott sei von seinem Wesen her Schönheit, Wahrheit und Güte. Alles Sein sei im Letzten wahr, schön und gut.

In der Schönheit der Blume entdeckst du demnach etwas von Gott. Gott hat die Blume geschaffen. Gottes Geist durchdringt die Blume und bringt sie zum Blühen. Und die Schönheit, die dir entgegenstrahlt, ist die Schönheit Gottes selbst. Im Betrachten der Blume geht dir Wesentliches über Gott selbst auf.

Die christliche Tradition hat die Blumen immer auch als Symbole gesehen, oft als Symbole für Heilige. Besonders gerne werden Blumen mit Maria, der Muttergottes, in Verbindung gebracht. Maria wird mit der Rose, der Lilie, der Osterglocke, der Margarite, der Akelei und dem Veilchen verglichen. Alle Blumen sagen etwas über das Wesen Marias aus. Die Lilie verweist auf die Reinheit und Keuschheit, das Veilchen auf die Demut, die weiße Rose auf Maria als reine Magd, die rote Rose auf ihre Liebe. Die Schwertlilie steht für ihre Schmerzen.

Beliebt war auf Mariendarstellungen auch die Akelei, die auch Liebfrauenhandschuh genannt wird. Sie war als Heilkraut der germanischen Muttergöttin Frija geweiht. Sie verweist auf das Heilende, das von Maria ausgeht. Das Maiglöckchen, das oft auf Marienbildern erscheint, ist ebenfalls eine Heilpflanze: Sie will ausdrücken, dass Maria das Heil der Welt geboren hat. Die rote Nelke steht für die wahre und reine Liebe, die Maria verkörpert.

In der Lauretanischen Litanei wird Maria als »rosa mystica«, als »geheimnisvolle Rose« bezeichnet. Und im Mittelalter wird Maria gerne im Rosenhag dargestellt. Die Rose hat im Abendland eine ähnliche Bedeutung wie die Lotusblüte in Asien. In Griechenland ist sie die Blume der Aphrodite, der Liebesgöttin. Die Rose, die mit ihrem Duft die Menschen verzaubert, ist so ein Bild für die Liebe, die uns mit einem wunderbaren Duft erfüllt. In der Antike bekränzte man das Haupt mit Rosen, nicht nur aus Gründen der Schönheit, sondern auch aus medizinischen Gründen. Denn die Rose – so meinte man – wirke kühlend und gehirnstärkend.

Die spätmittelalterliche Mystikerin Gertrud von Helfta nennt Maria die »*Rose der Liebe*«, die als »*leuchtende Rose himmlischer Anmut unsere Seelen mit himmlischer Kraft nährt*«. Maria als Rose wird für die Mystiker ein beliebtes Bild, um die Gottesvereinigung auszudrücken: »*Rose, ganz in Gott versunken, wirst du von dem Tranke trunken übergroßer Seligkeit.*« So dichtet ein unbekannter niederrheinischer Dichter im 15. Jahrhundert. Das Bild des Rosengartens, das für die damaligen Künstler so beliebt ist, drückt aus, dass Maria voll von Liebe ist und Liebe um sich verbreitet.

Wo Maria unter Rosen sitzt oder selbst als Rose blüht, da vertreibt sie in uns den Winter seelischer Kälte und lässt unser Leben wie im Frühling neu erblühen. Im 12. Jahrhundert formuliert das ein frommer Dichter: »*Da diese schöne Rose Maria zu blühen begann, verging der Winter unserer Betrübnis und es begann der Sommer der ewigen Freuden zu kommen und der Mai der ewigen Lust zu scheinen und mit ihr ward uns wieder gegeben das Grün des lustvollen Paradieses.*«

So verbindet sich im Bild der Rose die Er- neuerung des Kosmos mit der Beseligung des Menschen. Von dieser Sicht war auch Dante Alighieri erfüllt, wenn er Maria die Rose nennt, in der das ewige Wort Fleisch ward: *»In deinem Schoß entflammte neu die Liebe, durch deren Wärme hier im ewigen Frieden sich diese Blume also hat entfaltet.«* Die mystische Rose ist für Dante Symbol für die Verschmelzung der Liebe Gottes mit der menschlichen Liebe.

Wenn ich eine Blume betrachte, wenn ich eine Rose meditiere, so werden mir nicht all diese wunderbaren Gedanken in den Sinn kom- men, die Mystiker und Dichter formuliert haben. Ich kann aber einfach nur die Assoziatio- nen, Bilder und Erinnerungen hochkommen lassen, die in meiner Seele aufsteigen möchten. Da ist vielleicht die Erinnerung an die einzigar- tige Rose, von der der »Kleine Prinz« spricht und die er nie vergisst, weil sie für ihn einzig- artig ist. Oder da steigt das Lied von Maria in mir auf, die durch den Dornwald ging, um ihn in einen Rosengarten zu verwandeln: »Da ha- ben die Dornen Rosen getragen.«

Meditieren heißt nicht nachdenken, sondern ein Bild in mich einzubilden, damit es all die Bilder in mir wachruft, die tief in meiner Seele bereitliegen. Diese Bilder in mir sind schöne Bilder, heilende Bilder, Bilder, die mich immer mehr mit dem einzigartigen und einmaligen Bild in Berührung bringen, das Gott sich von mir gemacht hat.

Donnerstag:
Das Brot brechen

Für den Donnerstag ist das Ritual des Brot-
brechens angemessen. Wir erinnern uns an die
Einsetzung des Abendmahls, der Eucharistie.
Da nahm Jesus das Brot, segnete es, brach es
und gab es seinen Jüngern mit den Worten:
*»Das ist mein Leib für euch. Tut dies zu meinem
Gedächtnis!«* (Erster Korintherbrief 11,24).

Wenn du für dich das Brot brichst, geht dir auf, was beim letzten Abendmahl geschah. Und dein Brotbrechen bekommt vom Abendmahl her eine neue Bedeutung.

Brotbrechen ist nicht nur etwas Praktisches, um das Brot besser essen zu können. Es ist vielmehr voller Symbolik. Ich breche das Brot, damit es für mich Nahrung wird, damit ich davon leben kann. Ich breche etwas Ganzes auseinander, damit das, was in mir gebrochen ist, ganz wird.

Der Seelsorger und Theologe Henry Nouwen hat vor 20 Jahren bei der Einweihung unseres Recollectiohauses in Münsterschwarzach eine eindrucksvolle Ansprache gehalten. Er hat uns dabei tief berührt. Er hat über vier Worte meditiert: nehmen – segnen – brechen – geben.

Jesus *nahm* das Brot. Wir alle haben Liebe genommen. Wir haben Gottes Liebe genommen. Und wir haben die Liebe unserer Eltern genommen. Vielleicht war sie nicht genug für uns. Aber jeder hat Liebe von den Eltern genommen. Und wenn es nur die neun Monate waren, die er im Bauch seiner Mutter war, so

hat doch jeder die Liebe genommen, die zu seiner Entstehung führte und die die Mutter für
ihn aufbrachte, als sie ihn in ihrem Leib trug.
Wir sind von unseren Eltern und Freunden angenommen und akzeptiert worden. Und wir
haben uns selbst angenommen. Und wir wissen
uns von Gott angenommen.

Jesus *segnete* das Brot. Wir alle sind auch Gesegnete. Segnen bedeutet: gute Worte sagen.
Gott hat über uns in der Taufe die guten Worte
gesagt: *»Du bist mein geliebter Sohn. Du bist
meine geliebte Tochter. An dir habe ich mein
Wohlgefallen.«* (Vgl. Matthäus 3,13) Es ist
wichtig, sich immer wieder bewusst zu werden,
dass wir gesegnet sind.

Wenn ich im Ritual des Donnerstags das
Brot breche, soll ich es zuvor wie Jesus achtsam
in die Hände nehmen und segnen. Dann spüre
ich, was Segen bedeutet. Segen bedeutet, dass
dieses Brot mich nährt, mich stärkt. Gottes Segen berührt und erfüllt mich in den Gaben der
Schöpfung. Gottes Segen dringt in mich ein.

Alles, was ich zu mir nehme, ist von Gott
gesegnet. Indem ich das Brot segne, bevor ich

es breche, bekomme ich ein neues Gespür für alles, was ich esse. In allem nehme ich Gottes Segen in mich auf.

Jesus *brach* das Brot. Indem ich das Brot breche, denke ich daran, dass ich selbst gebrochen bin. Ich erfahre mich als brüchig. Mein Leib ist brüchig. Er garantiert mir nicht für immer Gesundheit. Meine Lebensgeschichte weist Brüche auf: Da ist eine Beziehung zerbrochen. Da ist ein Ideal zerbrochen: ein Lebenstraum, eine Vorstellung, wie mein Leben sein sollte.

Henry Nouwen meint: Dort, wo wir gebrochen sind, zerbrechen all die Panzer, die wir um unser Herz gelegt haben, um uns vor Schmerzen zu schützen. Dort zerbrechen die Masken, die wir aufsetzen, und die Rollen, die wir spielen. Und wir werden so aufgebrochen für unser wahres Selbst.

Wenn das Äußere zerbricht, wird der Weg frei nach innen. Ich werde aufgebrochen für meine Brüder und Schwestern. Ich öffne mich für die anderen. Und ich werde aufgebrochen für Gott. Meine Gottesbilder zerbrechen und ich öffne mich für den unbegreiflichen Gott, der in aller Unbegreiflichkeit dennoch Liebe ist: eben eine unbegreifliche Liebe.

Jesus *gab* das Brot seinen Jüngern. Unser Leben braucht das Geben. Geben ist Ausdruck der Fruchtbarkeit.

Das Geben steht am Ende. Am Anfang steht das Nehmen. Ich kann nur geben, weil ich genommen habe. Nehmen und Geben müssen in einem guten Gleichgewicht zueinander stehen. Wer nur nimmt, der verschluckt sich daran oder er erstickt. Wer nur gibt, der verausgabt sich.

Ich kann nur geben, weil ich gesegnet bin und weil ich Segen empfangen habe. Und auch das Gebrochensein ist Bedingung für das Geben. Wer immer nur erfolgreich ist, wer nie Brüche und Zerbrechen erfahren hat, der ist immer auch in Gefahr, nur um sich selbst zu kreisen. Er hat gar kein Bedürfnis zu geben. Die Gebrochenheit befähigt uns zum Geben.

Freitag:
Auf dem Kreuzweg unterwegs sein

Leben bedeutet, auf dem Weg zu sein. Wir sind hier auf Erden nur Pilger und Fremdlinge. Schon Abraham, der Urvater des Glaubens, hat sich auf das Geheiß Gottes hin auf den Weg gemacht. Und sein Weg beginnt mit dem Ausziehen aus dem Gewohnten und Vertrauten. Diesen Auszug haben die frühen Mönche als

Ausziehen aus allen Abhängigkeiten verstanden. Israel ist aus Ägypten, aus dem Land der Gefangenschaft, ausgezogen.

Gehen bedeutet ferner, immer auf dem Weg zu sein, sich wandernd zu wandeln. Wir können nicht stehen bleiben, sonst bleiben wir auch innerlich stehen, sonst erstarren wir. Gehen heißt, auf ein Ziel hin unterwegs zu sein: *»Wohin denn gehen wir – immer nach Hause«*, sagt Novalis. Wir gehen letztlich immer auf ein Ziel jenseits dieser Welt zu.

Unser Weg, den wir uns vorstellen und planen, wird immer wieder durchkreuzt durch Unvorhergesehenes, durch Krankheit und durch Brüche in unserem Leben. Unser Leben ist immer auch ein Kreuzweg. Unsere Vorstellungen werden durchkreuzt. Und es kommt für uns darauf an, im Kreuz gerade die Gegensätze anzunehmen, die in uns sind.

Jesus sagt: *»Wer mein Jünger sein will, der verleugne sich selbst, nehme sein Kreuz auf sich und folge mir nach.«* (Matthäus 16,24) Jesus versteht unser Leben als Weg. Wir sollen Jesus auf seinem Weg nachfolgen.

Aber dabei sind zwei Haltungen wichtig: Einerseits geht es darum, *von der Herrschaft des eigenen Egos frei zu werden.* Gehen heißt, sich frei zu machen von der Tyrannei des eigenen Egos, das alles beherrschen und bestimmen möchte.

Andererseits geht es darum, *unser Kreuz auf uns zu nehmen.* Wir sollen zu unserer inneren Gegensätzlichkeit ja sagen. Wir müssen Abschied nehmen von der Illusion, dass wir nur spirituell, nur liebevoll, nur selbstbeherrscht und frei sind. Wir sind zugleich gottlos, leer, aggressiv, unbeherrscht und innerlich gefangen. Dieser Weg gelingt nur, wenn wir ihn als Kreuzweg gehen. Dazu möchte uns der Freitag einladen, an dem wir ja das Gedächtnis des Kreuzweges Jesu und seines Sterbens am Kreuz begehen.

Die Mönche haben das Geheimnis des Kreuzweges Jesu ganz konkret Gestalt werden lassen: in den Kreuzgängen, die für ein Kloster charakteristisch sind. Die Mönche gehen langsam durch den Kreuzgang, um dem Geheimnis des Kreuzes und dem Geheimnis ihres Weges nachzuspüren. Der Kreuzgang erinnert den

Mönch daran, dass er sich vom Kreuz immer mehr für das unbeschreibliche Geheimnis Gottes aufbrechen lassen soll.

Das Kreuz ist nach dem Johannesevangelium Zeichen für die Liebe, mit der uns Jesus bis zur Vollendung geliebt hat. Indem der Mönch schweigend durch den Kreuzgang schreitet, gibt er sich in diese Liebe hinein, die alles in ihm berührt: seine Höhen und Tiefen, seine Licht- und Schattenseiten, die Abgründe seiner Seele und seine alltäglichen Konflikte. Der Kreuzgang lädt den Mönch ein, sich das Geheimnis seiner Erlösung wandernd zu erschließen.

Mitten in der Enge und Abgeschlossenheit des Klosters geschieht das Eigentliche: Dort, im Kreuzgang, meditiert sich der Mönch wandernd in das Geheimnis der Liebe Gottes hinein. Diese Liebe durchdringt alles Irdische, sie verwandelt alles in ihm und sie öffnet immer wieder über der Alltäglichkeit und Banalität seines Lebens den Himmel. So kann er mitten in der Enge die Weite Gottes schauen, auf der Erde wandelnd den Himmel und in der Abgeschiedenheit des Klosters den unendlichen und unbeschreiblichen Schöpfer aller Welt erfahren.

Fünf Aspekte kannst du bei diesem achtsamen Gehen meditieren:

1. Stelle dir bei jedem Schritt vor, dass du aus allem auswanderst, was dich gefangen hält: aus Gewohnheiten, aus Bindungen, die dir nicht gut tun, aus den Erwartungen der Menschen.

2. Gehe langsam immer weiter. Du kannst nicht stehen bleiben. Im Gehen bejahst du, dass du dich immer wandelst. Du kannst dich nicht auf deinen Erfolgen ausruhen.

3. Gehe deinen Weg, so wie du ihn dir vorgestellt hast. Aber werde dir bewusst, dass dein Weg nicht immer so glatt verläuft, dass vieles diesen Weg durchkreuzen kann. Das, was deinen Weg durchkreuzt, will dich immer mehr für Gott aufbrechen.

4. Gehe langsam und verliere im Gehen nicht deine innere Mitte, den Raum der Stille in dir. Unser Novizenmeister hat uns im Noviziat geraten, nach dem Chorgebet so durch den Kreuzgang zu gehen, als würden wir eine kostbare Schale mit dem Wasser der Gnade vor uns hertragen. Wenn du mit diesem Bild gehst, wird dein Gehen etwas Heiliges. Du trägst auf deinem Weg letztlich Gott in die Welt. Du bist dann gleichsam eine Monstranz, die in heiliger Prozession Christus selbst in die Welt trägt.

5. Stelle dir vor, dass du immer auf Gott hin gehst. Meditiere beim Gehen das Wort des heiligen Paulus: *»Unsere Heimat aber ist im Himmel.«* (Philipperbrief 3,20)

Das Gehen ist ein einfaches Ritual. Tu das, was du jeden Tag tust, bewusst: gehen, bestimmte Gänge verrichten, spazieren gehen, wandern. Du wirst dann erfahren, dass du durch das langsame und achtsame Gehen immer mehr in das Geheimnis deiner Erlösung durch Jesus

Christus hineinwanderst. Sie ist für uns am Kreuz geschehen und will immer wieder neu geschehen.

Samstag:
Eine Musik hören

In der jüdischen Tradition ist der Samstag der Tag der Sabbatruhe. Der Mensch hat so an der Sabbatruhe Gottes Anteil. Die christliche Überlieferung hat die Theologie des Sabbats auf den Sonntag übertragen. Dennoch hat sie auch etwas vom jüdischen Verständnis des Sabbats auf den Samstag übertragen. Der Samstag ist dem Gedächtnis Mariens geweiht. Maria, die mütterliche Frau, verweist auf das Ausruhen in Gott.

Maria war in der christlichen Tradition immer das Gegenteil zur männlichen Askese und Arbeit. Die Christen sahen auf Maria, auf die Mutter, die das Kind im Arm hält. Maria war immer auch die kontemplative Frau. Sie wird sehr oft lesend dargestellt. Sie meditiert sich hinein in das Geheimnis Gottes und des Menschen. Es gibt Darstellungen, die Maria selbst bei der Flucht nach Ägypten auf dem Esel sitzend in einem Buch – vermutlich die Bibel – lesen lassen. So lädt uns Maria am Samstag zur Kontemplation ein.

Es gibt viele Aspekte der Kontemplation. Da die Marienfrömmigkeit immer eine optimistische Spiritualität ist, hat auch die Kontemplation, die sich auf Maria beruft, etwas Spielerisches, Beschwingtes, Freies und Fröhliches an sich. So möchte ich dich am Samstag einladen, einmal ganz bewusst Musik zu hören. Gönne dir heute die Zeit, in aller Ruhe Musik zu hören.

Suche dir ein geeignetes Musikstück aus. Ich weiß nicht, was deine Vorlieben sind, ob du eher Musik von Johann Sebastian Bach oder Wolfgang Amadeus Mozart oder Ludwig van Beethoven, von Georg Friedrich Händel oder Felix Mendelssohn-Bartholdy oder Anton Bruckner magst. Entscheide dich für die Musik, die dir dein Herz vorschlägt. Und dann schließe die Augen und höre dich in die Musik hinein. Lass die Musik nicht nur in dein Ohr dringen, sondern in dein Herz, ja in deinen ganzen Leib. Stelle dir vor, wie die Musik deinen ganzen Leib durchdringt und ihn zum Schwingen und Klingen bringt. Dann erahnst du, was der Prophet Jesaja mit dem Wort meint. *»Höre, so wird deine Seele leben.«* (Jesaja 55,3) Die Musik wird aus dir alle Angst und Verzweiflung, alle Dunkelheit und Traurigkeit vertreiben.

Es gibt ja durchaus auch Musik, die voller Melancholie ist. Wolfgang Amadeus Mozart hat immer wieder melancholische Melodien komponiert. Aber indem er die Melancholie hörbar macht, verwandelt er sie auch, er bleibt nicht darin gefangen.

Die Musik, die den Leib durchdringt, führt dich zu einer neuen Erfahrung deiner selbst. Oft erfährst du ja, dass dein Leib voller Spannungen ist und voller wirrer Gedanken. Wenn dein ganzer Leib aber von Musik erfüllt wird, dann beginnt er zu schwingen. Die Kirchenväter sagen, dass der Rhythmus der Musik die Seele rhythmisiert. Sie bringt sie in den Rhythmus hinein, der ihrem Wesen entspricht.

Alles Leben ist immer auch Rhythmus. Wir sind oft genug aus dem Rhythmus geraten. Wir fühlen uns ausgebrannt. Die Musik lässt den Leib wieder in den ihm eigenen Rhythmus einschwingen. Das bringt nicht nur den Leib zum Leben, sondern auch die Seele.

Musik beflügelt die Seele. Das hat der Kirchenvater Johannes Chrysostomus wunderbar ausgedrückt: »*Nichts erhebt die Seele auf ähnliche Weise, nichts beflügelt sie so, befreit sie vom Irdischen, löst sie von den Körperfesseln, gibt ihr Liebe zur Weisheit ein und lässt sie alle dem irdischen Sein gehörigen Dinge spöttisch missachten, wie der melodische Gesang.*« Die Musik führt dazu, dass – so Augustinus – »*das Volk nicht aus*

Überdruss an Trauer ermatte«. Johannes Chrysostomus ist überzeugt: *»Die Seele erträgt die Härten und Mühen leichter, wenn sie eine Melodie singt oder ihr nachlauscht.«*

Wenn du ganz bewusst den zweiten Satz des Klarinettenkonzertes in A-Dur von Mozart hörst, dann wirst du darin die Überwindung des Todes erahnen. Das, was wir am Samstag erhoffen – die Auferstehung von den Toten –, wird in der Musik Mozarts hörbar.

Aber auch in vielen Arien aus den Kantaten von Johann Sebastian Bach wird diese Überwindung des Todes hörbar. Ich muss beim Hören dieser Arien gar nicht an die gesungenen Worte glaube. Ich lasse die vertonten Worte vielmehr in mein Herz fallen. Dann geschieht Glaube. Das, was die Worte ausdrücken, wird in meinem Herzen Wirklichkeit. Ich brauche in diesem Augenblick nicht die Entscheidung des Glaubens. In der Musik ist einfach Glauben. Im Hören der Musik wird der Glaube Wirklichkeit.

Lasse dich von der Musik über die alltäglichen Probleme hinaustragen. Dann ahnst du, dass du schon jetzt am Sabbat Gottes teilhast. Höre wie Maria, die für uns Vorbild des Hörens und Glaubens ist. Sie hat so auf den Klang der Stimme des Engels gehört, dass das Wort in ihr Fleisch geworden ist. So will sich auch die Musik in unseren Leib gleichsam »einfleischen«. Sie will unser Denken und Handeln, unser Reden und Fühlen durchdringen und verwandeln.

Sonntag:
Stille erleben

»Gott sah alles an, was er gemacht hatte: Es war sehr gut ... Am siebten Tag vollendete Gott das Werk, das er geschaffen hatte, und er ruhte am siebten Tag ... Und er segnete den siebten Tag und heiligte ihn.« (Genesis 1,31–2,3) So lesen wir im Schöpfungsbericht am Beginn der Bibel über den siebten Tag der Erschaffung der Welt.

Am Sonntag haben wir teil an der Sabbatruhe Gottes.

Doch unsere Sonntage sind oft voller Hektik. Wir stopfen sie mit Aktivitäten zu, weil wir mit der Stille nichts anfangen können. Drei Bedingungen nennt uns das Buch Genesis, damit die Stille gelingen kann. Die erste Bedingung: *Gott sah, dass alles gut war.* Nur wenn ich mein Leben als gut bejahe – wenn ich auch zu den Umwegen und Irrwegen sagen kann, dass sie letztlich gut für mich waren und sind –, vermag ich still zu werden. Solange ich in mir die Stimmen der Selbstverurteilung und Selbstablehnung höre, komme ich nie zur Ruhe. Ja, ich muss dann sogar vor der Stille davonlaufen, weil sie zu bedrohlich und unangenehm für mich wird.

Die zweite Bedingung: *Gott segnete den siebten Tag.* Die Zeit der Stille ist eine gesegnete Zeit. Ich stelle mich in der Stille unter den Segen Gottes. Ich stelle mir vor, dass Gottes Segen und seine Liebe mich einhüllen. Segen ist Schutz. In der Stille fühle ich mich von Gott behütet. Und Segen ist Fruchtbarkeit. Die Zeit der Stille befruchtet mich. Segnen bedeutet, gute Worte zu sagen. In der Stille höre ich Gottes gutes Wort an mich: *»Du bist mein geliebter Sohn. Du bist meine geliebte Tochter. An dir habe ich Gefallen gefunden.«* (Markus 1,11)

Die dritte Bedingung: *Gott heiligte den Sabbat.* Die Stille ist eine heilige Zeit. Heilig ist das, was der Welt entzogen ist. In der Stille hat die Welt mit ihrem Lärm keinen Zutritt. Dort bin ich ganz allein vor Gott. Für die alten Griechen vermag allein das Heilige zu heilen. Es ist heilsam für mich, auf die Stille zu hören.

Die geistliche Tradition unterscheidet zwischen Schweigen und Stille, zwischen »tacere« und »silentium«. Schweigen ist eine spirituelle Aufgabe. Ich halte meinen Mund. Ich verzichte auf das Sprechen. Ich übe das Schweigen. Stille ist dagegen etwas Vorgegebenes. Ich tauche ein in die Stille einer Kirche, in die Stille eines Waldes oder in die Stille der Wüste. Mein Zimmer, in dem ich meditiere, atmet Stille. Aber ich nehme die Stille nicht wahr, wenn ich mich mit tausend Dingen beschäftige. Insofern gehören Schweigen und Stille zusammen. Ich muss schweigen, damit ich die Stille wahrnehmen kann.

Es gibt aber nicht nur die stillen Räume außerhalb von mir, sondern auch den Ort der Stille in mir selbst. Von diesem Ort erzählen uns die Mystiker. Für den Wüstenvater Evagrius Ponticus ist es der Ort Gottes, die Schau des Friedens, ein Raum, der von Gottes Herrlichkeit und von seinem Frieden erfüllt ist. Für Johannes Tauler ist es der Seelengrund, für Katharina von Siena die innere Zelle, für Teresa von Avila das innerste Gemach der Seelenburg. Dieser Ort ist in uns, auch wenn wir ihn nicht spüren.

Nimm dir für den Sonntag das Ritual vor, auf die Stille zu hören. Setze dich in deinem Zimmer in die Gebetsecke oder suche dir einen stillen Ort, etwa eine Kirche oder einen abgelegenen Platz in der Natur.

Lausche zunächst auf die Stille um dich herum. Es gibt manchmal eine absolute Stille, in der du gar nichts hörst. Das ist dann immer eine geheimnisvolle Stille. Aber gerade wenn du im Wald oder an einem Bach sitzt, hörst du das

Rauschen des Waldes oder das Strömen des Baches. Aber diese Geräusche stören die Stille nicht, sondern machen sie hörbar.

Genieße die Stille, die dich umgibt. Doch dann höre auch auf die Stille, die in dir ist. Stelle dir vor, dass du beim langsamen Ausatmen durch alle Bereiche deines Leibes und deiner Seele hindurch bis auf den Grund deiner Seele gehst. Dort ist reine Stille.

Du erreichst die Stille nur, wenn du die lauten Räume deines Herzens durchschreitest. Und du erreichst die Stille nur, wenn du durch deinen Ärger, durch deine Angst, durch deine Eifersucht, durch deine Schuldgefühle und durch deine Traurigkeit hindurchgehst. All das innere Chaos darf sein, du musst und darfst es nicht verleugnen. Aber du bleibst nicht darin stecken. Du gehst tiefer bis in den Grund deiner Seele. Und dort ist reine Stille.

Vielleicht spürst du diese reine Stille nur für einen kurzen Augenblick. Dann kommen schon wieder die Gedanken und Gefühle, die dich beschäftigen. Aber dieser kurze Augenblick, in dem reine Stille war – keine Gedanken über die Stille, sondern nur Stille –, befreit dich von der Macht der Welt.

Für uns Christen ist die reine Stille keine leere Stille, sondern eine Stille, die von Gott erfüllt ist, die von der Liebe und Barmherzigkeit Jesu Christi ausgefüllt wird. Diese Liebe ist mehr als Gefühl. Du musst nicht immer Gefühle spüren, wenn du die reine Stille wahrnimmst. Du spürst einfach das reine Sein. Und dieses Sein ist – so sagen uns die Philosophen und Theologen – immer gut, wahr und schön. Für uns Christen ist dieses Sein im Tiefsten Liebe. Christi Liebe ist im Kreuz in die Tiefen dieser Welt eingedrungen – auch in die Tiefen unserer Seele – und bildet nun den eigentlichen Grund von allem, was ist. Jesus selbst drückt das so aus: *»Das Reich Gottes ist (schon) mitten unter euch.«* (Lukas 17,20) Wo das Reich Gottes in uns ist, dort herrscht Gott über uns und führt uns zu unserem wahren Selbst. Er befreit uns von der Macht der Welt.

Wenn du diese Stille wahrnimmst, dann erlebst du dich selbst neu. Du kannst dich auf fünffache Weise erfahren.

1. *Du bist frei:* frei von der Macht der Menschen, von ihren Erwartungen und Ansprüchen, von ihren Meinungen und Aussagen über dich. Du hörst auf, dir Gedanken darüber zu machen, was andere über dich denken. Du bist einfach da, ohne Druck, dich rechtfertigen zu müssen.

2. *Du bist heil und ganz.* In diesem Raum der Stille kann dich niemand verletzen. Die verletzenden Worte der Menschen dringen dorthin nicht vor. Und auch die Verletzungen deiner Lebensgeschichte haben diesen heilen Raum nicht berühren können.

3. *Du bist ursprünglich und authentisch.* All die Bilder lösen sich auf, die andere dir übergestülpt und mit denen sie dein Wesen verdunkelt haben. Aber auch deine Bilder der Selbstentwertung, in denen du dich klein machst, und die Bilder der Selbstüberschätzung, in denen du dich über dein eigenes Wesen erhöhst und dich letztlich überforderst, lösen sich auf. Du darfst einfach sein.

Du musst dich vor niemandem beweisen. Du bist einfach du selbst, so wie Gott dich geschaffen hat. Du bist in Berührung mit dem ursprünglichen, unverfälschten, unverletzten Bild Gottes in dir.

4. *Du bist rein und klar.* In diesen Raum der Stille können auch die Schuldgefühle nicht vordringen. Und auch die Schuld, die du vielleicht auf dich geladen hast, vermag diesen Raum nicht zu zerstören.

5. *Du fühlst dich daheim.* Denn im Raum der Stille wohnt Gott. Gott ist immer das unaussprechliche Geheimnis. Und die deutsche Sprache weiß: Daheim sein kann man nur, wo das Geheimnis wohnt.

Sieben Rituale
für die zweite Woche

Montag:
Die eigene Geburt meditieren

Am Montag beginnt die Arbeitswoche. Viele Menschen erleben den Montag eher als tristen Tag. Mit ihm beginnt nach dem Wochenende wieder die Routine des Alltags und man gerät wieder in die Tretmühle des Alltäglichen.

An diesem Tag des Beginns wäre es ein gutes Ritual, die eigene Geburt zu meditieren. Schließe dazu die Augen und stelle dir vor: Ich werde neu geboren. Du stellst dir vor, wie du aus dem Mutterschoß kommst. Das Baby erblickt zum ersten Mal das Licht der Sonne. Es begrüßt die Welt mit einem Schrei. Die Mutter drückt es an die Brust, um es zu beruhigen. Und sie schaut dieses neugeborene Kind an.

In diesem Kind ist ein einzigartiger Mensch geboren. Er ist noch nicht durch die Erziehung festgelegt und geprägt. In ihm ist alles neu. Neue Möglichkeiten sind in ihm angelegt. Er ist nicht festgelegt auf ein bestimmtes Schicksal. Alles ist möglich für dieses Kind. Alles ist neu, unberührt und unverfälscht.

Dieses ursprüngliche, makellose Kind ist in dir. Versuche, mit diesem Kind in dir in Berührung zu kommen. Stelle dir vor, dass du mit diesem Kind in dir diese Woche beginnst. Du bist nicht festgelegt durch deine Rollen, die du in deiner Familie, in deiner Firma, in deinem Freundeskreis eingenommen hast. Du bist nicht festgelegt durch das, was du bisher getan hast, durch deine Erziehung oder durch deine Lebensgeschichte, die dich geprägt hat.

Natürlich hast du durch deine Geschichte eine Prägung erhalten. Du hast bestimmte Charaktereigenschaften entwickelt. Aber in dir ist auch dieses neugeborene Kind. In dir ist die Möglichkeit, ganz neu und echt und ganz authentisch zu sein.

Stelle dir vor: Das kleine Kind im Arm der Mutter steht nicht unter Druck, irgendetwas zu sein oder darstellen zu müssen. Es muss sich nicht beweisen. Es ist einfach so, wie es ist.

Wenn du mit diesem Kind in dir in Berührung kommst, dann wirst du frei von dem Druck, dich vor anderen beweisen zu müssen. Du verbiegst dich nicht, wenn du in die Firma gehst. Du überlegst nicht, was die anderen von dir erwarten oder wie du dich geben solltest, damit die anderen mit dir zufrieden sind. Du bist einfach. Du bist frei. Du gehst in diesen Tag und lebst das, was in dir ist. Du bist in Berührung mit dem unverfälschten, unverstellten, ursprünglichen und makellosen Kind in dir.

Du wirst heute das tun, was du jeden Montag tust. Du weißt, was dich in der Arbeit erwartet. Aber wenn du mit deinem inneren Kind in Kontakt bist, dann wird doch alles anders. Alles wird den Geschmack des Neuen und Authentischen bekommen. Du tust einfach das, was du tust – ohne Nebenabsichten, ohne Überlegungen, was die anderen dazu sagen könnten.

Das neugeborene Kind in dir ist neugierig. Es erforscht alles, es sieht und greift alles, weil alles neu und ungewohnt ist. Nimm die Dinge des heutigen Tages mit diesem inneren Bild in die Hand und gestalte sie so, wie es in den Dingen selbst schon angelegt ist. Dann wird deine Arbeit neu und kreativ werden und du wirst in deiner Arbeit die Schöpfung Gottes nachahmen, die alles neu macht.

Dienstag:
Dem eigenen Schutzengel
nachspüren

Am Dienstag hat die Kirche früher der Engel
gedacht. So wäre es ein gutes Ritual, an diesem
Tag den eigenen Schutzengel zu meditieren.

Gott – so sagen uns die Kirchenväter in Aus-
legung des Jesuswortes in Matthäus 18,10 – hat
uns mit unserer Geburt einen Engel zur Seite
gestellt. Dieser Engel begleitet uns auf unserem

Weg, er behütet und beschützt uns und trägt uns beim Sterben über die Schwelle des Todes in Gottes Arme hinein.

Engel sind geistige geschaffene Wesen und personale Mächte. Sie sind keine Personen, die man nebeneinander stellen und abzählen könnte. Sie sind Boten, die Gott uns schickt, damit wir seine heilende Nähe erfahren dürfen. Der Engel, den Gott uns zur Seite gestellt hat, bringt uns in Berührung mit all den Fähigkeiten, die Gott in unsere Seele hineingelegt hat. Er ist der Seelenbegleiter, der in uns das Potenzial unserer Seele eröffnet.

Stelle dir vor, dass dein Schutzengel dich auf all deinen Wegen begleitet. Er ist keine Garantie dafür, dass dir nie körperlich etwas passieren wird, aber er schützt ganz bestimmt deinen inneren Kern. Er begleitet dich auf deinen Wegen, auch wenn du manchmal Umwege oder Irrwege gehst. Er hält dich aus, auch wenn du dich selbst nicht aushältst. Er ist dein innerer Begleiter.

Stell dir vor, dass dein Schutzengel mit dir geht, wenn du aus dem Haus gehst, wenn du mit dem Auto fährst oder wenn du eine weite Reise machst. Bitte deinen Schutzengel, dass er dir beisteht, wenn du in eine schwierige Sitzung gehst.

Du kannst entweder selbst deinen Schutzengel bitten, dir die richtigen Worte einzugeben, oder du kannst Gott bitten, dass er dir in diesem Gespräch jene Worte schenken möge, die das Gespräch in eine gute Richtung lenken. Und du kannst dir beim Gespräch vorstellen, dass du nicht allein bist, sondern dass dein Engel bei dir ist.

Du siehst deinen Engel nicht. Der Engel kommt von Gott. Gott schickt ihn. Aber im Engel begleitet dich Gottes heilende Nähe. Dein Engel ist immer ein schützender Engel. Er schützt dich vor der manchmal bedrängenden Nähe von unangenehmen oder feindlich gesinnten Menschen. Er schützt dich vor ihren Aggressionen, vor ihren destruktiven Tendenzen, vor ihren kränkenden Worten. Stelle dir vor, dass dein Engel dich gleichsam in einen schützenden Mantel hüllt, an dem all die verletzenden Impulse von außen abprallen und

unter den die Kälte, die dir manchmal entge-
genströmt, nicht kriechen kann.

Dein Engel ist Bote Gottes. Gott lässt dich
in keinem Augenblick allein. Er schickt dir
einen Boten. Dieser Bote kann ein innerer Im-
puls sein, eine innere Gewissheit oder auch die
Erfahrung von Getragen- und Behütetsein.
Dieser Bote ist dein Engel, den Gott dir zur
Seite stellt. Dein Engel zeigt dir, dass Gott ein
menschenfreundlicher Gott ist, ein Gott, der in
alle Situationen deines Lebens mit dir geht.
Wenn du mit diesem Bewusstsein heute in den
Tag gehst, wirst du behutsamer gehen. Du wirst
achtsamer auf deine Seele hören. Du wirst jede
Situation in einem neuen Licht sehen.

Du bist nicht allein. Und die Menschen,
denen du begegnest, sind nicht allein. Auch sie
haben ihre Schutzengel. Auch sie sind von Gottes Liebe umgeben. Auch ihnen hat Gott einen
Engel zur Seite gestellt. Wenn du dir das konkret vorstellst, dann werden deine Begegnungen anders und deine Sitzungen bekommen
eine andere Färbung. Auf deinen Fahrten bist
du nicht allein, sondern behütet und beschützt

von deinem Schutzengel. Das entlastet dich von aller Verkrampfung und befreit dich von der Angst, es könnte dir etwas Unangenehmes widerfahren. Und es macht dich zugleich achtsamer.

Mittwoch:
Achtsam handeln

Am Mittwoch gedenkt die Kirche des heiligen Josephs, der als Vorbild der Arbeiter gilt. So möchte ich dich einladen, heute ein Wort des heiligen Benedikts mit in deine Arbeit zu nehmen. Benedikt von Nursia stellt für den Cellerar, den wirtschaftlichen Leiter des Klosters, folgende Regel auf: *»Alle Geräte und den ganzen*

Besitz des Klosters betrachte er als heiliges Altarge-rät.« (Benediktsregel 31,10) Diese Achtsamkeit ist ein wichtiges Thema. Geistliche Autoren aller Religionen schreiben heute über die Achtsamkeit.

Übe heute diese Achtsamkeit – gerade bei deiner Arbeit. Wenn du deinen Kugelschreiber in die Hand nimmst, um zu schreiben, achte darauf, was du tust. Du nimmst ein Gerät, das dir hilft, zu schreiben. Sei dann ganz beim Schreiben. Beim Schreiben entstehen Worte. Dies sollen nicht einfach leere Worte sein, sondern Worte, die Leben spenden. Wenn du deinen Computer öffnest, gehe achtsam mit ihm um. Er erleichtert dir die Arbeit. Auch wenn er ein technisches Gerät ist, so zeigt er dir etwas von der Weisheit Gottes, die in ihn hinein gelegt wurde. Wenn du die Programme deines Computers nützt, dann tu es achtsam. Sei dankbar für die vielen Möglichkeiten, die dir der Computer bietet.

Wenn dein Telefon klingelt, dann greife achtsam nach dem Hörer. Tu es nicht nebenbei. Höre dabei auf zu arbeiten. Stell dich auf den

Menschen ein, der dich anruft und mit dem du jetzt sprichst. Auch wenn du ihn nicht siehst, hörst du seine Stimme. Und er hört dich. Er spürt, ob du ihm aufmerksam zuhörst und dich auf ihn einlässt oder ob du ihn voller Ungeduld drängst, endlich aufzuhören.

Wenn es an deiner Türe klopfst, achte auf den, der eintritt. Stelle dich auf ihn ein. Schließe die »Tür« der Arbeit, die du gerade gemacht hast. Öffne deine innere Türe für den Eintretenden, damit du ganz im Augenblick bist und dich auf ihn einlassen kannst. Dann wird die Begegnung gelingen. Wenn du aus deinem Arbeitszimmer gehst, achte auf deine Schritte. Du gehst dich jetzt frei von allen Anstrengungen und Sorgen. Du bist ganz im Gehen. Und wenn du die Türe öffnest, um wieder in dein Zimmer zu treten, dann tue es achtsam. Die Tür möge auch dein Herz öffnen, damit du dich wieder ganz der Arbeit zuwenden kannst.

Das Ritual der Achtsamkeit ist ein Ritual, das du den ganzen Tag über einüben kannst. Aber dennoch ist es eine Hilfe, wenn du den

Morgen mit einer Meditation der Achtsamkeit beginnst. Setze dich dabei ruhig hin und achte nur auf den einen Augenblick und auf das, was in diesem Augenblick geschieht. Du atmest ein und atmest aus. Du bist ganz im Augenblick.

Wenn du den Morgen mit diesem Ritual der Achtsamkeit beginnst, dann wirst du dieses Ritual auch tagsüber fortsetzen können. Alles, was du berührst – deinen Kugelschreiber, deinen Computer, den Hammer, mit dem du einen Nagel einschlägst, die Schere, mit der du etwas schneidest, die Tür, deinen Aktenkoffer, deine Bücher und Zettel –, berührst du achtsam und behutsam. Du bist in Beziehung zu dem, was du berührst und was du tust. Du wirst erfahren, dass dir die Achtsamkeit gut tut und dass sie deinem Alltag ein neues Gepräge gibt.

Deine Beziehung zu Gott wird in alles konkrete Tun hineinfließen. Denn in allem, was du berührst, betastest du letztlich einen »Zipfel« Gottes. Der Apostel Paulus hatte das vor Augen, als er den griechischen Philosophen auf dem Areopag sagte: »*Sie sollten Gott suchen, ob sie ihn ertasten und finden könnten; denn kei-*

nem von uns ist er ferne. Denn in ihm leben wir, bewegen wir uns und sind wir, wie auch einige von euren Dichtern gesagt haben.« (Apostelgeschichte 17,27–28) Die Menschen können Gott in allen Dingen finden. Wenn sie achtsam leben, betasten sie Gott in allem, was ist. Sie berühren in allen Geschöpfen den Schöpfer. Gott ist uns nicht fern. Er ist in allem, was ist.

Donnerstag:
Dank sagen

Am Donnerstag gedenken wir der Einsetzung der Eucharistie. Eucharistie bedeutet Danksagung. Daher lade ich dich zu einem Ritual der Danksagung ein.

Setze dich hin und beginne, für deinen Leib zu danken. Du atmest und spürst dem Atem nach. Du spürst das Leben in dir. Der Atem durchdringt deinen Leib. Du ruhst in dir selbst.

Danke nun für die Gesundheit, die Gott dir geschenkt hat. Und wenn du Schmerzen hast, danke Gott dafür, dass die Schmerzen dich an dein wahres Selbst erinnern, an deinen inneren Kern, der von Schmerzen nicht berührt wird. Die Schmerzen erinnern dich auch an Gott, der dich mit deinen Schmerzen trägt.

Gehe deine Lebensgeschichte durch. Danke für deine Kindheit, auch wenn vielleicht nicht alles ideal war. Du hast etwas erlebt, was nur du erlebt hast. Du hast etwas erfahren, was nur du erfahren hast. So bist du ein erfahrener Mensch geworden, einer, der die Geheimnisse des Menschseins kennt. Danke für deine Eltern und für alles, was du durch sie empfangen und gelernt hast. Danke für deinen Lebensweg.

Danke Gott, dass er dich in deinem Leben nie allein gelassen hat, auch wenn du dich manchmal allein gefühlt hast. Danke, dass Gott dich geführt hat. Jetzt im Nachhinein wirst du die Führung Gottes erkennen, die du in manchen dunklen Tälern deines Lebens nicht gespürt hast. Danke für die Menschen, die Gott dir geschenkt hat: für deine Eltern und Großeltern, für deinen Ehepartner, für die Kinder, für die Freunde, für die Menschen, denen du begegnet bist und bei denen du etwas vom Geheimnis des Menschen erkannt hast, für alle Menschen, die dich befruchtet und beschenkt haben.

Zuletzt stehe auf und stelle dich vor den Spiegel. Schaue dir ins Gesicht, ohne zu werten, ohne zu beurteilen, ob du schön genug bist. Schaue in dein Gesicht und danke Gott für deine Einmaligkeit. Dein Gesicht ist einzigartig. Es gibt kein zweites Gesicht, das genauso aussieht.

Schaue durch dein Gesicht hindurch auf den Grund deiner Seele. Wer schaut dich da in deinem Gesicht an? Wer ist dieser einmalige und einzigartige Mensch? Wo ist dieses unverfälschte Bild Gottes in dir? Und dann danke für dein Gesicht, danke Gott, dass du dieser einmalige Mensch bist. Danke Gott für die Tiefe, die dir in deinem Gesicht entgegen kommt, für die Schönheit, die dir entgegen strahlt, für die

Erfahrungen von Freude und Leid, von Liebe und Enttäuschung, die dieses Gesicht geformt und die sich in dein Gesicht eingeprägt haben.

Dann halte deine Hände vor dich hin und schaue in diese Hände hinein. Nicht nur in dein Gesicht, sondern auch in deine Hände hat sich dein Leben eingeprägt. In ihnen sind all deine Erfahrungen gleichsam gespeichert. In den Händen können wir unsere eigene Wahrheit schauen.

Da gibt es die Lebenslinie, die Gesundheitslinie und die Beziehungslinie. Und da gibt es die »Tautropfen« auf den Fingerkuppen, die darauf hinweisen, dass du voller Sehnsucht nach Gott bist.

Betrachte deine Hände und überlege, was diese Hände schon alles geformt und gestaltet haben, was sie angepackt, auf den Weg gebracht, geschaffen und »gehandelt« haben. Danke Gott für deine Hände und für alles, was du mit diesen Händen zustande gebracht hast. Und danke Gott für alles, was er dir in deine Hände gelegt hat: für die Kraft, die in deinen Händen steckt, für die Geschicklichkeit, für die

Zärtlichkeit, die sie ausdrücken können, für die Geborgenheit, die sie schenken. Deine Hände können zeigen, schreiben, anpacken, greifen, streicheln, empfangen, geben … Schaue auf das Wunder deiner Hände und danke Gott für alles, was diese Hände empfangen und gegeben haben.

Freitag:
Die Welt umarmen

Am Freitag gedenken wir des Todes Jesu am Kreuz. Das Kreuz erinnert viele Menschen an Leid und Last. Doch die frühen Kirchenväter haben das Kreuz als Zeichen der Hoffnung, der Heilung und der vollendeten Liebe gesehen. Schon das Johannesevangelium versteht den Tod Jesu am Kreuz als Ausdruck seiner

Liebe, mit der er uns bis zur Vollendung geliebt hat.

Das Kreuz ist Bild der Hingabe Jesu an uns Menschen. Und zugleich drückt dieses Bild aus, dass Jesus am Kreuz alle Gegensätze dieser Welt umarmt, dass er die Gegensätze in uns mit seiner Liebe umarmt und annimmt und dass er den ganzen Kosmos umfasst und zusammenfasst. So haben auch die Kirchenväter das Kreuz gesehen. Sie sprechen vom »ausgespannten« Logos, der am Kreuz die Gegensätze der Welt verbindet. Ein alter Text aus dem 2. Jahrhundert preist das Kreuz mit den Worten: »*O Name des Kreuzes, der du das Weltall in dir beschließest! Heil dir, o Kreuz, dass du den Kosmos in seinem Umfang zusammenhältst.*«

Ich möchte dir zwei Rituale vorschlagen, mit denen du das Geheimnis des Kreuzes meditieren kannst: *Beim ersten Ritual* betrachtest du das Kreuz in deiner Wohnung. Vielleicht hast du auch ein Bild mit einer eindrucksvollen Darstellung des Kreuzes. Denke dabei daran, dass Jesus sich am Kreuz für dich hingegeben hat. Er ist auch für dich aus Liebe gestorben. So sagt Jesus im Johannesevangelium: *»Es gibt keine größere Liebe, als wenn einer sein Leben für seine Freunde hingibt.«* (Johannes 15,13)

Wenn du auf diese Liebe schaust, die Jesus seinen Freunden schenkt, spürst du, wie wertvoll du bist. Da hat einer sein Leben für dich aufs Spiel gesetzt, weil er dich bis zum Ende liebt. Wenn du auf das Kreuz schaust, dann lass alle Selbstvorwürfe, alle Selbstentwertungen beiseite. Du hast einen unendlichen Wert. Du bist so wertvoll, dass Jesus für dich gestorben ist. Seine Liebe ist bedingungslos. Er liebt dich so, wie du bist, mit deinen Fehlern und Schwächen. So brauchst du dir deine Fehler nicht vorzuwerfen. Das Kreuz zeigt dir, dass alles in dir angenommen ist.

Diese Liebe – so sagen uns die Kirchenväter – umfasst eben nicht nur alle Gegensätze dieser Welt, sondern auch die Gegensätze in uns selbst. Alles in dir wird so von der Liebe umfasst, die du in Jesus anschaust.

Die Passionsmystik, die uns einlädt, das Kreuz Jesu zu betrachten, hat in erster Linie auf die Liebe geschaut. Natürlich sehen wir in

Christus am Kreuz auch den Leidenden. Aber dieses Leid war für die Passionsmystik Ausdruck der umfassenden Liebe. Jesus hat für uns gelitten. So hat es schon der Erste Petrusbrief gesehen: *»Christus hat für euch gelitten ... Denn ihr hattet euch verirrt wie Schafe, jetzt aber seid ihr heimgekehrt zum Hirten und Bischof eurer Seelen.«* (2,21.25) Die Hingabe Jesu am Kreuz ist der Ort, an dem wir Heimat finden, an dem wir heimkehren zu demjenigen, der unsere Seele behütet und der für sie sorgt, an dem wir heimkehren zu uns selbst, zu unserer Seele und zu unserem wahren Selbst.

Beim zweiten Ritual stellst du dich aufrecht hin und breitest deine Hände in Schulterhöhe aus, sodass die Handinnenflächen nach vorne weisen. Dies ist die Gebärde, in der Jesus am Kreuz dargestellt ist. Für die Kirchenväter war dies ein Bild dafür, dass Jesus mit seinen ausgespannten Armen die ganze Welt umarmt und umfasst.

Wenn du dich in dieser Haltung hinstellst, kannst du dir vorstellen, dass auch du die ganze Welt umarmst. Alles, was im Kosmos, in der

Natur und im Weltall ist, das ist auch in dir. Die Lateiner kennen den Spruch: »*Nihil humanum mihi alienum.*« Er bedeutet: »*Nichts Menschliches ist mir fremd.*« In dieser Gebärde kannst du dir sagen: Nichts Kosmisches ist mir fremd. Du umarmst die ganze Welt. Das schenkt dir Weite und Freiheit. Du musst nichts mehr verdrängen. Alles in dir ist von Christi Liebe umfasst. Und die ganze Welt ist voll von der Liebe Christi.

Du berührst in dir selbst und im Kosmos die Liebe Jesu, die vom Kreuz herab in alles strömt, was ist. So brauchst du nicht mehr gegen irgendetwas in dir selbst zu kämpfen: weder gegen deine Angst, noch gegen deinen Neid, noch gegen deine Sexualität. Du umarmst mit der Liebe Christi alles, was in dir ist. So wird alles verwandelt und geheilt. Alles darf sein.

Vielleicht erlebst du diese Haltung mit den ausgebreiteten Armen als anstrengend. Sie wird leicht, wenn du gut in deiner Mitte stehst und gleichsam aus deiner Mitte heraus die Arme in die Weite ausbreitest, so wie ein Baum seine

Äste vom Stamm aus entfaltet. In dieser Gebärde umarmst du die ganze Welt und auch alle
Gegensätze in dir selbst. Und du umarmst auch
alle Menschen. Du schließt niemanden aus von
deiner Liebe, weil Christus am Kreuz niemanden von seiner Liebe ausgeschlossen hat, weil er
alle Menschen am Kreuz umarmt hat.

Samstag:
Altes begraben

Am Samstag erinnern wir uns an den Karsamstag, an dem Christus im Grab lag. Wenn wir von einem Grab träumen, dann ist das immer eine Einladung, etwas Altes zu begraben. So möchte ich dich einladen zum Ritual des Begrabens. Überlege dir, was du begraben möchtest: welchen Konflikt, welche Vorurteile, welche alten Verletzungen, welche Vorwürfe gegenüber anderen? Dann schreibe alles auf, was du begraben möchtest. Fange einfach an zu schreiben, ohne dass du an irgendeine Ordnung denkst.

Du wirst sehen, dass vieles in dir hochkommt, was du begraben möchtest. Da kommen alte Kränkungen hoch. Wenn du an diese Kränkungen denkst, bist du ganz in der Vergangenheit. Du fühlst dich gekränkt. Oder du spürst: Vieles ist unerledigt. Ich habe manches nicht aufgearbeitet aus der Vergangenheit: mein Nicht-verstanden-Werden in der Familie oder im Freundeskreis, meine ungerechte Behandlung in der Firma, das Scheitern einer Beziehung, das Verlassenwerden, die Trauer um den Tod lieber Menschen …

Schreibe alles auf, was da in dir an Unerledigtem und Ballast hochkommt, den du mit dir herumschleppst. Nimm dir zwanzig Minuten Zeit, um alles aufzuschreiben. Dann lese dir das Geschriebene nochmals durch. Suche dir einen Platz in deinem Garten oder in einem Wald in deiner Nähe. Und grabe mit einer kleinen

Schaufel ein Loch, in das du den zusammen-
geknüllten Zettel vergräbst. Dann wirf wieder
Erde hinein. Wenn du möchtest, kannst du an
diesem Platz auch etwas pflanzen, was dich an
das Vergrabene erinnert. Die Dinge, die begraben sind, werden zum Dünger für etwas Neues,
das in dir aufblühen möchte.

Du kannst den Zettel, auf dem du alles Ver-
gangene aufgeschrieben hast, auch verbrennen
und dann die Asche eingraben oder mit der
Asche einen Baum, einen Strauch oder eine
Blume düngen. Dann bleibe noch etwas an der
Stelle stehen und sage dir: »*Ja, ich habe alles
begraben. Ich möchte es nicht mehr ausgraben. Ich
lasse es dort. Auch wenn es wieder einmal in mir
hochkommen sollte, ich werde mich nicht mehr
darum kümmern. Ich habe es begraben und lasse
es begraben sein. Und ich vertraue, dass Christus
auch aus meinem Grab aufersteht, dass er mich an
die Hand nimmt und mich aufrichtet, damit ich
teilhabe an seiner Auferstehung.*«

Eine andere Weise, das Ritual des Begrabens
zu begehen, ist eine Gebärde, in der du die
Hände zunächst in Form der Schale vor dich

hinhältst. Du schaust dabei nochmals dein Leben an, mit allem, was dich verletzt hat. Du schaust nun deine »Handwunden« an, mit denen dich jemand auf ein bestimmtes Bild festgenagelt hat oder mit denen dich jemand festgeklammert und nicht losgelassen hat. Deine Handwunden resultieren auch aus Situationen, in denen jemand dich geschlagen hat, aber auch in denen jemand dir die helfende und schützende Hand entzogen und dich fallen gelassen hat.

Dann drehe deine Hände nach unten, sodass die Handflächen nach unten weisen. Stelle dir in dieser Gebärde vor: Ich lasse los, was mich belastet. Ich lasse die Verletzungen meiner Vergangenheit los. Ich verzichte darauf, sie als Vorwurf gegen andere oder als Vorwand zu benutzen, nicht selbst zu leben. Ich lasse in dieser Handbewegung auch meine Lebensmuster los, die mich am Leben hindern: meinen Perfektionismus, meine Tendenz, immer die Schuld bei mir zu suchen. Ich lasse meine Selbstvorwürfe, meine Selbstbeschuldigungen und Selbstzerfleischungen los. Ich begrabe alles, was mich am

Leben hindert. Ich begrabe es im Grab Jesu Christi, damit er es in seiner Auferstehung verwandelt und auch mich als neuen Menschen aufstehen lässt.

Sonntag:
Die Sonne meditieren

Am Sonntag gedenken wir der Auferstehung Jesu. Die Kirchenväter haben die Auferstehung Jesu mit der aufgehenden Sonne verglichen. Die Sonne, die jeden Morgen aufgeht, war für sie ein Symbol für die Auferstehung, in der Jesus alles Dunkle in der Welt und in uns mit seinem Licht erleuchtet.

Schon der Epheserbrief zitiert ein urchristliches Tauflied, in dem der auferstandene Christus mit dem Licht verglichen wird, das uns erleuchtet: »*Wach auf, du Schläfer, und steh auf von den Toten, und Christus wird dein Licht sein.*« (5,14) In der Taufe haben wir Anteil an der Auferstehung Jesu. Und so gilt von uns: »*Einst wart ihr Finsternis, jetzt aber seid ihr durch den Herrn Licht geworden. Lebt als Kinder des Lichts!*« (Epheserbrief 5,8)

Die germanischen Christen haben den ersten Tag der Woche, den die Römer als »dies dominica«, als »Herrentag« bezeichneten, »Sonntag«, Sonnentag genannt. Für sie war die Sonne das Bild, das die Auferstehung erfahrbar werden lässt.

Meditiere heute die Sonne. Wenn die Sonne scheint, dann stelle dich in die Sonne. Lasse dich von der Sonne wärmen. Stelle dir vor, dass dich in der Sonne Gottes Liebe anstrahlt. Es ist Gottes Liebe, die deine Haut wärmt. Du stehst in der Sonne. Du bist ganz und gar umhüllt vom Licht und von der Wärme der Sonne. Dann stelle dir vor, wie die Sonne durch deine

Haut hindurchgeht und den ganzen Körper wärmt. In der Wärme spürst du Gottes Liebe. Lasse diese Liebe in deinen ganzen Leib hineinströmen. Dann fühlst du, dass alles in dir von Gottes Liebe durchdrungen ist. Es gibt nichts in dir, was nicht von Gottes Liebe berührt ist. Das ist das Geheimnis der Auferstehung.

Die ostkirchlichen Ikonenbilder stellen das Geheimnis der Auferstehung so dar, dass Jesus in die Unterwelt hinabsteigt, die Toten an die Hand nimmt und sie ans Licht führt. So kannst du dir auch vorstellen, dass Jesus im Licht der Sonne liebevoll alles in dir berührt und dir gleichsam sagt: *»Auch das darf sein. Auch das habe ich in meinem Tod und in meiner Auferstehung angenommen, damit es zum Leben kommt.«*

Die Sonne steht nicht nur für jene Liebe, von der uns das Geheimnis der Auferstehung sagt, dass sie stärker sei als der Tod. Die Sonne steht auch für das Licht. Und so kannst du dir vorstellen: Christus berührt im Licht der Sonne alles in dir, damit alles in dir ans Licht kommen kann. Christus steigt im Licht der Sonne in alle dunklen Räume deines Leibes und deiner Seele hinab, um alles Abgestorbene, Unterdrückte und Verdrängte ans Licht und ins Leben zu bringen.

Vielleicht hast du das Gefühl, dass es in deinem Leib verschlossene Räume gibt, zu denen du selbst keinen Zutritt hast. Dies sind dann dunkle Räume, in denen Verdrängtes und Unterdrücktes liegt. Vielleicht hast du selbst Angst vor diesen Räumen, weil das Verdrängte einmal explodieren und das ganze Lebenshaus zum Einsturz bringen könnte. Stelle dir vor, wie das Licht der Sonne in diese dunklen Bereiche deines Leibes, in die dunklen Kammern deines Lebenshauses einfällt und alles erhellt. Das warme Licht der Sonne kann das Chaotische ordnen und das Gefährliche zu etwas Vertrautem machen. Du verlierst die Angst vor dir selbst. Es gibt dann nichts in dir, was nicht vom Licht der Sonne erhellt wird.

Für Jesus gibt es einen Grund, dass wir alle Angst vor uns und vor den Menschen, die das Verdrängte in uns entdecken könnten, loslassen können: *»Fürchtet euch nicht vor ihnen! Denn* *nichts ist verhüllt, was nicht enthüllt wird, und nichts ist verborgen, was nicht bekannt wird.*« (Matthäus 10,26) Das Licht der Auferstehungssonne erleuchtet alles Dunkle, enthüllt alles Verhüllte. So brauchen wir keine Angst mehr zu haben: weder vor dem Unbekannten in uns, noch vor den Menschen, die davon reden könnten, was hinter unserer schönen Fassade an Unrat verborgen ist. Christus selbst öffnet in seiner Auferstehung die verschlossenen Kammern unseres Leibes und unserer Seele, um alles in uns in das Licht der Liebe Gottes hineinzustellen.

Was wir in unseren verschlossenen Kammern verborgen halten, das fehlt uns an der eigenen Lebendigkeit. Viele Menschen leben nur einen kleinen Teil der Möglichkeiten, die in ihnen vorhanden sind. Der auferstandene Christus will alles in uns zum Leben bringen. Er ist gekommen, dass wir »das Leben haben und es in Fülle haben.« (Johannes 10,10)

Wenn du dich von der Sonne der Auferstehung ganz durchstrahlen lässt, erahnst du etwas vom Geheimnis der Auferstehung, von diesem

Leben in Fülle, von der Liebe, die stärker ist als der Tod, und von dem Licht Jesu, das alles in uns erleuchtet.

Abendritual:
Alles umarmen

Rituale schließen eine Tür und öffnen eine Tür. Das Morgenritual öffnet die Tür, damit der Tag ein gesegneter Tag werden kann. Das Abendritual hat die Aufgabe, die Tür des Tages zu schließen, damit die Tür zur Nacht aufgehen kann.

Die Nacht ist für die frühen Mönche immer etwas Heiliges. Sie achten die Stille der Nacht. Denn in der Stille der Nacht möchte Gott im Traum zu ihnen sprechen. Und die Stille der Nacht ist der Ort, an dem Gott unser Herz berühren will. Ein schönes Abendritual ist daher, die Türe des Tages zu schließen, indem ich die

Hände über der Brust kreuze. Diese Gebärde hat verschiedene Bedeutungen. Wenn du die Gebärde machst, sollst du nicht alle Bedeutungen zugleich meditieren, sondern dich für eine Bedeutung entscheiden.

Die Arme über der Brust zu kreuzen erinnert an das Kreuz Jesu Christi. Die Kreuzgebärde ist letztlich eine Gebärde der Umarmung. Jesus sagt im Johannesevangelium: *»Und ich, wenn ich über die Erde erhöht bin, werde alle zu mir ziehen.«* (12,32) Am Kreuz umarmt uns Jesus. Er umarmt alle Gegensätze in uns. Er umarmt auch das Verletzte, Kranke, Leidende in uns.

Die Kreuzgebärde ist ein Ausdruck der Liebe, mit der uns Jesus am Kreuz bis zur Vollendung geliebt hat. Die Umarmung Jesu am Kreuz übernehme ich, indem ich die Hände über der Brust kreuze. Ich umarme mich selbst, weil Christus am Kreuz mich umarmt hat.

Vier Weisen, diese Umarmung zu deuten, möchte ich dir beschreiben.

1. *Die Umarmung der Gegensätze*: Weil Christus am Kreuz mich mit meinen Gegensätzen umarmt hat, umarme ich in mir alles Gegensätzliche. Ich umarme in mir das Starke und Schwache, das Gesunde und Kranke, das Heile und Zerbrochene, das Gelungene und Misslungene, das Gelebte und Ungelebte, das Lebendige und Erstarrte, das Erfüllte und das Unerfüllte, das Vertrauen und die Angst, die Freude und die Trauer, die Hoffnung und die Verzweiflung, das Bewusste und Unbewusste, das Lichte und das Dunkle. Indem ich alles Gegensätzliche in mir umarme, nehme ich mich selbst an, mit allem, was in mir ist. Und ich verabschiede mich von der Illusion, nur stark, nur gesund, nur fromm zu sein.

Das Verdrängen unserer Gegensätze und das Festhalten an unseren Illusionen machen uns krank. Indem wir uns mit unseren Gegensätzen annehmen, weil wir von Christus angenommen sind, werden wir heil und ganz, gesund und innerlich frei. Wir brauchen nichts mehr zu verdrängen. Alles in uns darf sein, weil alles in uns von der Liebe Christi am Kreuz umarmt ist.

2. *Die Umarmung des verletzten Kindes*: Wir alle haben in uns ein kleines Kind. Es schreit oft auf, wenn wir verletzt werden. Das verlassene Kind schreit auf, wenn es um Abschied geht oder wenn wir Angst haben, dass uns ein lieber Mensch verlassen könnte. Das übersehene Kind meldet sich, wenn wir heute von unserem Chef oder vom Ehepartner übersehen werden.

Aber wir sind nicht nur verletzte Kinder. Wir sind auch väterliche und mütterliche Menschen. Und als Väter und Mütter haben wir Verantwortung für das verletzte Kind in uns. Wir sollen für es sorgen. In der abendlichen Gebärde umarmen wir das verletzte Kind in uns.

So stell dir vor: Du umarmst in dir das verlassene Kind, das übersehene Kind, das lächerlich gemachte Kind, das entwertete Kind, das zu kurz gekommene Kind, das überforderte Kind, das hilflose Kind, das vernachlässigte Kind, das beschämte Kind, das geschlagene Kind, das abgelehnte Kind. Und du lässt dich vom verletzten Kind zum göttlichen Kind in dir führen.

In jedem von uns ist auch das göttliche Kind. Es weiß genau, was für uns gut ist. Es steht für das ursprüngliche und unverfälschte Bild von uns selbst, das Gott in uns hineingelegt hat. Das göttliche Kind führt mich in den inneren Raum der Stille, in dem ich mit dem einzigartigen, unverletzten, unverstellten Bild in Berührung komme, das Gott sich von mir gemacht hat, es zeigt mir den ungetrübten Glanz Gottes in mir. Das göttliche Kind führt mich in den Raum der Stille, in dem ich mich frei, heil und ganz, ursprünglich und authentisch, rein und klar und daheim erleben darf.

Indem ich das verletzte Kind umarme und mich von ihm zum göttlichen Kind in mir führen lasse, werde ich ruhig. Das verletzte Kind schreit in mir dann nicht mehr auf. Es kommt in meinen bergenden Händen zur Ruhe. Und das göttliche Kind lässt mich dankbar sein für mein Leben, das trotz aller Kränkungen heil und ganz, einmalig und wertvoll ist.

3. *Die Umarmung des vergangenen Tages:* Ich umarme all das, was ich heute erlebt habe. Und ich verzichte darauf, das, was war, zu bewerten. Ich lasse alles von Christus umarmen und umarme es auch selbst: Ich umarme die Begegnungen, die mich beschenkt oder die mich verletzt haben, meine angemessenen und meine unangemessenen Reaktionen, meine Erfolge und meine Niederlagen, meine Ruhe und meine Unruhe, was ich erledigen konnte und was ich aufgeschoben habe, das gute Miteinander und die Konflikte. Ich umarme diesen Tag und übergebe ihn Gott.

4. *Sich in Gottes Arme bergen:* Die Gebärde der Umarmung erinnert mich auch daran, dass ich mich in der Nacht in Gottes gute Hände fallen lasse. Ich stelle mir vor, dass ich in dieser Nacht in Gottes guten Händen bin.

Diese Hände tragen mich. Ich bin in ihnen geborgen, gehalten und geliebt. Ich muss mich nicht beweisen. Ich kann mich loslassen. Ich kann alle Sorgen und Ängste loslassen, um mich in Gottes mütterlichen Händen zu bergen.

Gottes Hände sind aber auch umarmende Hände. So wie ich mich jetzt umarme, so wird mich Gott in dieser Nacht umarmen. Seine Hände werden mich schützen und behüten und sie werden mich liebevoll umschlingen.

Ganz gleich welche der vier Bedeutungen ich meditiert habe, ich schließe dieses Abendritual mit einem alten kirchlichen Abendsegen ab, der schon 1600 Jahre alt ist. Gerade diese alten Worte vermögen mich auch heute noch zu berühren: Es sind Worte mütterlicher Zärtlichkeit. Segen ist immer auch Gottes mütterliche Zuwendung zu uns.

So spreche ich ganz langsam: *»Herr, kehre ein in dieses Haus, und lass deine heiligen Engel darin wohnen. Sie mögen uns in Frieden behüten. Und dein heiliger Segen sei alle-*

zeit über uns, und um uns, und in uns. Darum bitten wir durch Christus unsern Herrn.
Amen.«

Ritualkarten von Anselm Grün

Rituale der Liebe
ISBN 978-3-89680-523-2

Rituale der Stille
ISBN 978-3-89680-493-8

Rituale der Achtsamkeit
ISBN 978-3-89680-524-9

Segens-Rituale
ISBN 978-3-89680-494-5

jeweils 30 Karten mit je einem Ritual und einem
32-seitigen Begleitheft, in Geschenkbox
12 x 17 cm, 19,90 €

Vier-Türme-Verlag
Schweinfurter Straße 40, 97359 Münsterschwarzach
Tel. 09324 / 20 292, Bestellmail: info@vier-tuerme.de
www.vier-tuerme-verlag.de